Le Cochon Méfiant/
El Cochinito Sospechoso

La Collection des Contes Haïtiens de Mancy

Mireille B. Lauture, Ph.D.

Illustré par Cantave Casséus

AuthorHouse™
1663 Liberty Drive
Bloomington, IN 47403
www.authorhouse.com
Phone: 1 (800) 839-8640

Published by AuthorHouse 12/14/2018

ISBN: 978-1-5462-6729-4 (sc)
ISBN: 978-1-5462-6730-0 (e)

Library of Congress Control Number: 2018914376

authorHOUSE®

Je dédie "La Collection des Contes Haïtiens de Mancy" à mes enfants Victoria, Sherlynn, Darnell Patrick, Fritzgérald "Roldy" Lauture et à leurs enfants. Je tiens à remercier ma sœur Florence Bastien pour son encouragement; et aussi à mes éditrices Tiziana G. Marchante et Liliem García dont leur support a été nécessaire à la réalisation de cette publication. Quant à ma mère, Mme. Hermance Garçon, je lui dois une fière chandelle!

Dedico "La Colección de los Cuentos Haitianos de Mancy" a mis hijos Victoria, Sherlynn, Darnell Patrick, Fritzgérald "Roldy" Lauture y sus hijos. Quiero agradecer a mi hermana Florence Bastien por su aliento; y también a mis editores Tiziana G. Marchante y Liliem García, cuyo apoyo fue necesario para la realización de esta publicación. En cuanto a mi madre, la señora Hermance Garçon, ¡le debo una orgullosa vela!

La Collection des Contes Haïtiens de Mancy

La Collection des Contes Haïtiens de Mancy est une série de 10 contes populaires reproduits sur ces pages afin de préserver les fantastiques histoires racontées par ma mère, Madame Hermance (Mancy) Garçon. Mère célibataire, elle a consacré ses nombreux talents et sa vie à moi, son unique enfant. Merci, maman!

Voulant toucher un public beaucoup plus vaste, j'utilise donc l'Internet pour publier quelques-uns des contes folkloriques préférés de ma mère afin de perpétuer son héritage merveilleux. Chaque histoire se termine par une morale essentielle. *Que la tradition des contes oraux haïtiens continue à jamais!*

Ces contes n'appartiennent à personne en particulier. Ces contes font plutôt partie de l'âme et de l'esprit d'une nation et de son peuple. Par mon expérience, ils ont été transmis oralement par mon arrière-arrière-grand-mère à ma grand-mère, qui, à son tour, les ont racontés à ma mère.

C'est avec grand plaisir que je partage ce récit "Le Cochon Méfiant" appartenant à *La Collection des Contes Haïtiens de Mancy*, venant du répertoire de ma mère et présenté avec amour.

La Colección de Cuentos Haitianos de Mancy

La Colección de Cuentos Haitianos de Mancy es una serie de 10 leyendas reproducidas en estas páginas para conmemorar los cuentos fantásticos narrados por mi madre, la señora Hermance (Mancy) Garçon. Una madre soltera que dedicó a mí, su única hija, mucho de sus talentos y de su vida. ¡Gracias, mamá!

Al querer alcanzar un público mucho más grande, yo estoy, por consiguiente, utilizando la tecnología del Internet para publicar un número selecto de los cuentos folklóricos favoritos de mi madre para continuar su maravilloso legado. Cada cuento termina con una moraleja sobresaliente. *¡Que la tradición de los cuentos orales haitianos continúa para siempre!*

Los cuentos no empezaron con alguna persona en particular. Más bien estos cuentos son una parte del alma y del espíritu de una nación y su gente. Tal como fue mi experiencia, los cuentos se han pasado oralmente desde mi tátara-abuela hasta mi abuela, quien, a su vez, se los contó a mi madre.

Es un gran placer compartir este cuento de *La Colección de Cuentos Haitianos de Mancy*, "El Cochinito Sospechoso", cariñosamente presentado del repertorio de mi madre.

Le Cochon Méfiant/
El Cochinito Sospechoso

La Collection des Contes Haïtiens de Mancy

Mireille B. Lauture, Ph.D.
Illustré par Cantave Casséus

Il était une fois un banquet extravagant fut organisé où tous les animaux du village étaient invités. Certes, ils étaient plusieurs, éléphants, zèbres, rhinocéros, tigres, girafes, macaques, cochons et autres...même le Grand Lion y était.

Había una vez un extravagante banquete que se organizó en una aldea en donde todos los animales estaban invitados. Entre ellos habían elefantes, cebras, rinocerontes, tigres, jirafas, monos y cochinitos, por nombrar sólo algunos... y hasta el Gran León estaba presente.

On a dit aux animaux de venir affamer, afin qu'ils puissent manger autant que possible. Quand ils arrivent au banquet, ils étaient bouche bée à la vue de tant de plats délicieux présentés sur les tables. Ils se sont tous empressés de s'asseoir à une table de leur choix.

Se les dijo a los animales que vinieran hambrientos para que pudieran comer tanto como les fuera posible. Cuando llegaron al banquete, se les hacía agua la boca al ver tantos platillos deliciosos en las mesas. Todos se apresuraron para tomar asiento en la mesa de su elección.

Bien que les animaux étaient prêts à manger autant que possible, ils ne pouvaient pas décider quel plat manger en premier. Quelques-uns d'entre eux allaient de table en table pour goûter à tout ce qui se trouvait à leur portée. D'autres avaient tellement mangé que leur estomac était sur le point d'éclater.

Aunque los animales llegaron listos para comer tanto como les fuera posible, no podían decidir cuál platillo comerse primero. Algunos de ellos fueron de mesa en mesa probando todo lo que estaba a su alcance. Otros comieron tanto que sus estómagos estaban a punto de reventarse.

Les animaux ont eu soif alors qu'ils avaient presque fini de manger, lorsqu'ils ont soudainement remarqué qu'il n'y avait pas d'eau potable sur les tables. Quand le Grand Lion réalise cela, il crie: "Que le plus laid dans cette salle aille nous chercher de l'eau!"

Los animales sintieron sed cuando ya casi habían terminado de comer, de repente se dieron cuenta que en ninguna de las mesas había agua para tomar. Cuando el Gran León se dio cuenta de eso, gritó: "¡Dejen que el más feo del salón nos traiga agua!"

Lorsque le Grand Lion a prononcé ces mots, tous les animaux de la salle se sont figés. Sans bouger et sans dire un mot, ils commencent à se regarder. Le cochon était le plus méfiant de tous. Il s'éloigne de la table pour se regarder dans un miroir situé dans un coin de la salle.

Cuando el Gran León dijo esas palabras, todos los animales en el salón se congelaron. Sin moverse y sin decir una palabra, empezaron a mirarse unos a otros. El cochinito actuó de manera más sospechosa. Se escabulló de la mesa para mirarse al espejo que estaba en la esquina del salón.

Après s'être regardé et avoir pensé qu'il n'était pas le plus laid, le cochon retourne silencieusement à sa table, mais tous les yeux étaient rivés sur lui. Quand il revint à son siège, avec un petit sourire moqueur, le cochon se tourne pour se comparer à macaque, qui était assis à côté de lui, et pensa qu'il était sauf.

Después de mirarse y pensar que él no era el más feo, el cochinito regresó, en silencio, a su mesa, pero todos tenían los ojos en él. Cuando regresó a su asiento, con sonrisa burlona, el cochinito volteó para compararse con el mono, quien estaba sentado a su lado y pensó que estaba a salvo.

Pendant ce temps, tous les autres animaux restent encore silencieux et attendent de voir ce qui allait se passer ensuite. Se sentant gêné, tout en essayant de se défendre, le cochon soudainement crie: "Peu importe ce que tu dis, je ne bougerai pas de mon siège!"

Mientras tanto, todos los animales estaban callados esperando a ver qué pasaría después. Sintiéndose avergonzado, al tratar de defenderse, el cochinito gritó: "¡No importa lo que digan, no me voy a mover de mi asiento!"

Malheureusement, parce que le cochon s'était attiré l'attention, le Grand Lion et les autres animaux l'ont élu pour aller chercher de l'eau. Voilà que le cochon s'est attiré des ennuis sans que personne ne lui a dit qu'il était, en fait, le plus laid.

Lamentablemente, como el cochinito fue quien llamó la atención de todos, el Gran León y los otros animales votaron que fuera él quien trajera el agua. El cochinito, solo, se metió en problemas sin que nadie le dijera que él era, de hecho, el más feo.

Morale / Moraleja :

Il faut toujours réfléchir avant d'agir.

Hay que recordar lo siguiente: Uno, siempre, debe de pensar antes de actuar.

The End

Printed in the United States
By Bookmasters